Deux fous marchent dans la rue. L'un d'eux ramasse une crotte de chien et dit à l'autre :

– Regarde, j'ai failli marcher dessus !



2

JANVIER

– Papa, les crottes de nez, c'est pas bon !

– Qui te l'a dit ?

– Ben, mon petit doigt...

3

JANVIER

À quoi reconnaît-on le slip de Dark Vador ?

4

JANVIER

À son côté obscur.

La maîtresse est fâchée contre Jojo :

– Ton devoir est écrit trop petit, je n'arrive pas à le lire !

– C'est bizarre, car il n'y a que des gros mots !

5

JANVIER

Deux cacas vont à la guerre.
Sur le chemin, ils croisent une diarrhée, qui leur demande :

– Je peux venir avec vous ?

Un des cacas répond :

– Non, la guerre, c'est pour les durs !

6

JANVIER

Quel est le plat préféré des cannibales ?

7

JANVIER

Le croque-monsieur.

Une feuille d'essuie-tout demande à une feuille de papier toilette :

– Ça va bien, toi, aujourd'hui ?

Le papier toilette répond :

– Non, toujours dans le caca !

8

JANVIER

Qu'est-ce qu'une réunion de blondes ?

9

JANVIER

Un paquet de nouilles.

Un Belge arrive devant une porte de magasin et baisse son pantalon. Pourquoi ?

10

JANVIER

Parce que sur la porte, il y a écrit : « Poussez fort ! »

Il ne faut pas dire
« le Petit Poucet » *(le petit poussait)* mais « le garçon était constipé ».

11

JANVIER

Deux crottes se retrouvent au fond de la cuvette des toilettes.

– Je ne veux pas mouriiiiiir, je ne veux pas mouriiiiiir ! crie la première, paniquée.

La seconde, tout aussi paniquée, hurle alors :

– Une crotte qui paaaaaarle, une crotte qui paaaaaarle !

12

JANVIER

Quel est le comble de la patience ?

13

JANVIER

Essuyer le derrière d'un éléphant avec un confetti plié en quatre.

En classe, Sophie se tortille sur sa chaise :

– Maîtresse, je peux aller aux toilettes ?

– D'accord, mais dis-moi d'abord quel est le plus grand fleuve de France.

– Euh, celui sous ma chaise ?

14

JANVIER

Pourquoi les Belges emportent-ils un fusil aux toilettes ?

15

JANVIER

Pour tirer la chasse.

Qu'est-ce qui est marron
et qui a des dents ?

16

JANVIER

Un caramel que mémé a
essayé de manger.

Deux bonnes raisons de ne pas se ronger les ongles des pieds :

1. Tu vas te faire mal au dos.
2. C'est moins bon qu'un hot dog !

17

JANVIER

Au restaurant :
– Je vous suggère la langue de bœuf, monsieur.
– Beurk ! Ça sort de la bouche d'un animal, c'est dégoûtant. Donnez-moi plutôt un œuf !

18
JANVIER

Comment fait un mammouth pour laver son slip ?

19

JANVIER

Il utilise deux machines à laver.

Pourquoi les mamans belges ne changent les couches de leurs bébés qu'une fois par mois ?

20

JANVIER

Parce que sur l'emballage, il y a écrit : « Jusqu'à 4 kilos ».

Lili montre son bulletin à son père, qui lui dit :

– De si mauvaises notes, ça mérite une fessée.

– Oui, papa, tu as raison. Viens, je connais l'adresse de l'instituteur.

21

JANVIER

Quel est le comble pour un agneau ?

22

JANVIER

Avoir une faim de loup.

Qu’est-ce qui est vert et
qui pousse au fond du jardin ?

23

JANVIER

Une grenouille constipée !

Une maman dit à son fils :
– Attention, si tu continues de te gaver de bonbons, ton ventre va exploser.
– Bon alors, donne-moi les derniers caramels et éloigne-toi de quelques mètres.

24
JANVIER

Les cannibales mangent-ils le pop-corn avec les doigts ?

25

JANVIER

Non, ils mangent les doigts séparément !

Que faut-il faire quand un bûcheron s'évanouit ?

26

JANVIER

Du bûche-à-bûche !

Monsieur et madame Oukoi ont deux fils.
Comment s'appellent-ils ?

**27**
JANVIER

Ted et Bill.
*(t'es débile ou quoi ?)*

Que dit Tarzan quand il lâche une liane par accident ?

28

JANVIER

– Qui a fait caca sur cette liaaaaaaaaaaaaaaaaane ?

– Maman, j'ai une dent qui est tombée ! annonce un petit vampire.
– N'oublie pas de la mettre sous ton oreiller avant de t'endormir, la petite chauve-souris va passer.

29

JANVIER

Il ne faut pas dire un « petit passage » *(un petit pas sage)* mais un « enfant qui fait des bêtises ».

30

JANVIER

Deux Martiens s'arrêtent au feu rouge. Quand le feu passe au vert, l'un des deux dit à l'autre :

– Trop sympa, il m'a fait un clin d'œil !

31

JANVIER

– Tu te souviens de l'histoire du boomerang ?
– Non.
– Ne t'inquiète pas, elle va te revenir.

1er

FÉVRIER

Demande à ton cousin ce qui est le pire pour lui : mastiquer un chewing-gum ramassé par terre, ou manger un caramel que ta grand-mère a ramolli dans sa bouche ?

2

FÉVRIER

Que fait un skieur quand
il tombe dans un lac ?

3
FÉVRIER

Du ski de fond.

Quel est le comble pour un pâtissier ?

4

FÉVRIER

Avoir l'air tarte.

Dans la cour de l'asile, tous les fous sont en train de sauter, sauf un qui est sur un banc.

– Pourquoi restez-vous assis ? lui demande le docteur.

– On joue au pop-corn et je suis le seul qui s'est collé les fesses à la poêle.

5

FÉVRIER

Je suis rose et je saute d'arbre en arbre. Que suis-je ?

6

FÉVRIER

Un chewing-gum collé au slip de Tarzan.

La maîtresse de Juju lui demande :

– Pourquoi arrives-tu toujours en retard le matin ?

– Parce que sur le panneau, il y a écrit : « École : ralentir ».

7

FÉVRIER

Une petite araignée ferme la porte en rentrant de l'école. Son père la gronde :

– Combien de fois faudra-t-il te dire de laisser la porte ouverte, sinon les mouches ne peuvent pas entrer !

8

FÉVRIER

9

FÉVRIER

Pourquoi les Belges ont-ils des jardins ronds ?

Pour que les chiens ne fassent pas caca dans tous les coins.

– Dis, papa, pourquoi quand je marche je tourne en rond ?

– Tais-toi ou je te cloue l'autre pied.

10

FÉVRIER

Quel est le comble pour un camion de pompiers ?

11

FÉVRIER

Brûler les feux rouges.

Un dompteur de puces décide de devenir le directeur d'un cirque d'éléphants. Pourquoi ?

12

FÉVRIER

Parce qu'il est devenu myope.

Dans un bar, un fou va aux toilettes et se rend compte que ce sont des toilettes en or !
De retour le lendemain, il demande :
– Je peux utiliser vos toilettes en or ?
– Eh, Michel, je crois savoir qui a fait caca dans ton saxophone !

Demande à ton meilleur copain ce qui est le pire pour lui : se laver avec du poil à gratter, ou prendre un bain dans de la bouse de vache ?

14

FÉVRIER

Comment appelle-t-on des chaussures d'enterrement ?

15

FÉVRIER

Des pompes funèbres.

Une paire de fesses demande
à une autre paire de fesses :
– On fait quoi ?
– Prout !

16

FÉVRIER

Est-ce que les poissons pètent dans l'eau ?

Bien sûr, vous ne voulez pas qu'ils se retiennent quand même !

17

FÉVRIER

Deux chiens se promènent.
Le premier annonce :
– Il y a des nouveaux lampadaires au bout de la rue.
– Ça s'arrose ! répond l'autre.

18
FÉVRIER

Que dit une blonde lorsqu'elle aperçoit une pelure de banane sur le sol ?

19

FÉVRIER

– Oh mince, je vais encore tomber !

Au restaurant :
– Garçon, il y a un cafard qui nage dans mon assiette !
– Mince ! Le cuisinier a versé trop de sauce. D'habitude, ils ont pied.

20

FÉVRIER

Quel est le pire cauchemar d'une chauve-souris ?

21
FÉVRIER

Avoir la diarrhée pendant son sommeil.

Un aventurier est capturé par des cannibales :

– Comment t'appelles-tu ? lui demande le chef.

– Qu'est-ce que cela peut vous faire, vous allez me manger !

– Oui, mais je dois écrire un nom pour le menu !

22

FÉVRIER

Qu'est-ce qui est vert et qui devient rouge ?

23

FÉVRIER

Une grenouille dans un mixeur.

– Dis, papa, est-ce qu'une olive a des pattes ?
– Non, pourquoi ?
– Alors, je viens de manger un cafard !

24
FÉVRIER

Quel est l'animal le plus stupide ?

25

FÉVRIER

Le lionceau. *(le lion sot)*

Deux garçons se baignent dans une piscine.

– J'ai une bonne et une mauvaise nouvelle, annonce le premier. La bonne, c'est que, selon le thermomètre, l'eau vient de se réchauffer de deux degrés.

– Et la mauvaise nouvelle ?

– Ce n'est pas à cause du soleil...

26

FÉVRIER

Un avaleur de sabre entre dans une mercerie et demande à la vendeuse :

– Auriez-vous des aiguilles ? Je suis au régime !

27

FÉVRIER

– Docteur, je deviens sourd. Je ne m'entends même plus péter.

– Prenez ce médicament.

– Avec ça, j'entendrai ?

– Non, mais vous péterez plus fort.

28

FÉVRIER

Pourquoi les Belges jettent-ils du pain dans les toilettes ?

29

FÉVRIER

Pour nourrir le Canard WC.

Quelle est la différence entre une crotte de nez et des brocolis ?

1er

MARS

Les enfants ne mangent pas les brocolis.

Une petite fille de 4 ans rentre chez elle avec sa culotte mouillée.

Sa maman s'écrie :

– Mais c'est une catastrophe !

– Non, c'est une pipistrophe !

2

MARS

Quel est le comble pour un poisson ?

3

MARS

Boire la tasse.

Deux copains dans une voiture sont arrêtés à un feu rouge. Le passager dit à celui qui est au volant :

– C'est vert !

Le conducteur réfléchit et répond :

– Une grenouille ? Une salade ?

4

MARS

Quel compliment un cannibale peut-il faire à sa fiancée ?

5
MARS

Tu es belle à croquer.

Deux coccinelles font
la course. L'une d'elles
s'arrête et dit :
– Stop, j'ai un point de côté !

6

MARS

Pourquoi dit-on en Belgique : « Je vais à la toilette », alors qu'en France on dit : « Je vais aux toilettes » ?

7

MARS

Parce qu'en France il faut aller dans plusieurs toilettes pour en trouver une propre.

Quelle est la différence entre un caniche et un pit-bull en train de faire pipi sur les pieds de quelqu'un ?

8

MARS

Le pit-bull, on le laisse terminer.

Qui sont le père et la mère de l'homme invisible ?

9

MARS

Ses transparents.
(ses trans-parents)

À un bal, une princesse est invitée à danser par un prince inconnu. Soudain, un pet lui échappe.

– Excusez-moi, dit-elle, très gênée. J'espère que cela restera entre nous...

– Au contraire, j'espère que ça va circuler !

10

MARS

Pourquoi les éléphants ont-ils leur trompe devant ?

11

MARS

Parce que sinon ils se mettraient des cacahuètes dans les fesses !

Un fou se vante auprès d'un de ses copains :

– Je suis tellement fort que je peux soulever un éléphant avec une seule main ! Mais ce qui est difficile, c'est de trouver un éléphant qui n'a qu'une seule main...

12

MARS

Léon explique à sa grand-mère :
– Moi, pour savoir que j'ai 4 ans, je compte sur mes doigts. Et toi, tu comptes sur un mille-pattes ?

13

MARS

À quoi ressemble une blonde avec une pomme sur la tête ?

14

MARS

À une tarte aux pommes.

Un soir de tempête,
un vampire demande
à un autre vampire :
– As-tu déjà vu un vent pire ?
*(un vampire)*

15

MARS

Savez-vous pourquoi les pets sentent mauvais ?

16
MARS

Pour que ceux qui ne les entendent pas en profitent !

Deux Belges discutent :
– Hé, Robert, est-ce que tu sais combien pèse un pet ?
– Ça ne pèse rien, c'est du gaz.
– Mince, je crois que j'ai fait caca dans mon pantalon !

17

MARS

Un cavalier rencontre un autre cavalier :

– Tu as enfin réussi à dresser ton cheval ?

– Oui, mais il est devenu tellement poli qu'il me laisse passer devant chaque obstacle.

18

MARS

Quelle est la différence entre un élastique et quelqu'un qui sort du lit ?

19

MARS

Aucune. Les deux s'étirent, s'étirent, s'étirent et finissent par péter.

Demande à ta sœur ce qui est le pire pour elle : se laver avec de la bave de crapaud, ou se frotter avec la peau d'un hérisson ?

20

MARS

Quel est le comble pour un homme chauve ?

21

MARS

Avoir un cheveu sur la langue.

Une dame demande à sa servante :
– Germaine, le perroquet a disparu. Vous n'avez rien remarqué d'anormal ?
– Non, rien... à part le chat qui s'est mis à parler !

22

MARS

Un chien est sur un bateau. Il pète, tombe à l'eau et se noie. Quelle était la race du chien ?

23

MARS

Un pékinois.
(un pet qui se noie)

Dans l'étable, une vache est couchée par terre.

– Que fait-elle ? demande la fermière au fermier.

– Il y a grève des trains, alors elle regarde passer les avions.

24

MARS

Il ne faut pas dire « faux départ » *(faut des parts)* mais « je veux du gâteau ».

25

MARS

Un homme va chez le médecin :
– Docteur, j'ai un problème : tous les matins je fais caca à 6 heures.
Le docteur lui répond :
– Eh bien, quel est le problème ?
– Mais enfin, je ne me lève qu'à 7 heures !

26

MARS

Trois poussins sont dans un nid. Si tu n'en veux que deux, comment fais-tu ?

27

MARS

Tu en pousses un. (poussin)

À quoi bon remettre à demain *(deux mains)* ce qu'on peut faire avec ses pieds ?

28

MARS

Deux poissons discutent :
– Comment ça va ?
– Pas bien du tout, je suis déprimé.
– Allez, prends donc un ver, ça va te remonter !

29

MARS

Quel est le point commun entre le cimetière et les toilettes ?

30

MARS

Quand faut y aller,
faut y aller !

Un hérisson demande à une pierre toute lisse :
– Comment faites-vous pour avoir la peau si douce ?

31

MARS

Deux pneus se disputent :
– Tu veux que je t'éclate la tête ?
– Non !
– Dégonflé, va !

1er

AVRIL

Pourquoi les Belges utilisent-ils une échelle pour aller aux toilettes ?

2

AVRIL

Pour faire du caca haut.
(cacao)

Il ne faut pas dire
« barbecue » *(barbe au cul)*
mais « poils aux fesses ».

3

AVRIL

À un mariage :
– Maman, pourquoi la robe de la mariée est blanche ?
– Parce que le blanc représente le bonheur et l'amour éternel.
– Alors pourquoi le marié est en noir ?

4

AVRIL

Que dit un hérisson quand il se cogne dans un cactus ?

5

AVRIL

– Maman !

Un gendarme fait stopper un automobiliste.

–Vous n'aviez pas vu le feu rouge ?

– Si, c'est vous que je n'avais pas vu !

6

AVRIL

Comment appelle-t-on le comte Dracula ?

– Mon saigneur.
(Monseigneur)

7

AVRIL

Jojo raconte ses vacances à ses copains :

– Mon cousin a une piscine, mais je ne m'y baignerai jamais, on n'en voit pas le fond !

– Elle est profonde ?

– Non, elle est sale !

8

AVRIL

Quel est le comble pour un juge gourmand ?

9

AVRIL

Manger un avocat.

– J'ai perdu mon chien, annonce un fou à un ami.
– Mets une affiche pour le retrouver !
– Cela ne sert à rien, mon toutou ne sait pas lire !

10
AVRIL

Ma mamie est très dangereuse. Devinez son nom.

11

AVRIL

Mamie Trayètte.
(*ma mitraillette*)

Une blonde marche dans la rue. Soudain, elle aperçoit une énorme crotte de chien sur le trottoir à quelques mètres d'elle :

– Oh ! là, là ! Il ne faut pas que je me trompe de pied !

12

AVRIL

Un éléphant et un hippopotame font du tandem. Qui est assis devant ?

13

AVRIL

Celui qui sait lâcher une main pour utiliser la sonnette.

Deux vieilles dames discutent :
– C'est dégoûtant, toutes ces crottes de chien sur le trottoir !
– Essayez mon truc, lui répond l'autre. Chaque fois que je vois une crotte sur le trottoir, je verse du sucre dessus. En général, au chien suivant qui passe, la crotte disparaît.

14

AVRIL

Quand un Français fait pipi, se lave-t-il les mains avant ou après ?

15

AVRIL

Pendant.

Une maman mouche met en garde ses petits :

– Ne vous approchez pas des humains, ils essaieront de vous écraser.

– Mais non, maman ! Hier, il y a une dame qui a passé la soirée à m'applaudir.

16

AVRIL

Dans les fonds marins, un plongeur croise un nageur :

– Mais que faites-vous ici, sans équipement ?

– Je me noie, imbécile !

17

AVRIL

Devinez ce que dit
un vampire après avoir bu
le sang de sa victime ?

18

AVRIL

– Merci beaucoup !
(beau cou)

Un fou va chez le médecin :
– Docteur, je perds mes cheveux, je perds mes dents, je perds mes poils...
– Ben vous alors, vous devez être très distrait !

19
AVRIL

Comment appelle-t-on un chien qui n'a pas de pattes ?

20

AVRIL

On ne l'appelle pas,
on va le chercher !

Demande à ton voisin ce qui est le pire pour lui : être coincé dans un ascenseur avec cent camemberts, ou faire un voyage avec cent passagers en chaussettes sales ?

21

AVRIL

Comment reconnaît-on un Belge dans un magasin de chaussures ?

22

AVRIL

C'est le seul qui essaie les boîtes.

Juju demande à sa maman :
– Papa m'a expliqué que nous descendions du singe. C'est vrai ?
– Je ne sais pas, ton père ne m'a jamais parlé de sa famille.

23
AVRIL

Quel est le comble pour une abeille qui vient de se marier ?

24

AVRIL

Ne pas pouvoir partir en lune de miel.

La maîtresse demande :
– Pierre, quelle heure est-il ?
– Je ne sais pas, ça change tout le temps !

25

AVRIL

Monsieur et madame Dio
ont un fils.
Comment s’appelle-t-il ?

26

AVRIL

*Ali. (ah, l’idiot !)*

Le chapiteau d'un cirque s'écroule juste après le départ des spectateurs. Le directeur, furieux, se met à hurler :

– Qui a donné de la poudre à éternuer à l'éléphant ?

27

AVRIL

Quel est le fruit que
les poissons détestent ?

28

AVRIL

La pêche.

Jules revient de l'école avec un œil au beurre noir. Sa mère lui demande :
– Qu'est-ce qui s'est passé ?
– C'est un méchant garçon qui m'a frappé.
– Pourrais-tu le reconnaître ?
– Sans problème, j'ai une de ses oreilles dans ma poche !

29

AVRIL

Un éléphant et une souris courent dans la brousse. La souris s'arrête et dit à l'éléphant :

– Tu as vu la poussière que je soulève ?

30

AVRIL

Pourquoi les grenouilles se frottent-elles les fesses sur l'herbe ?

1er

MAI

Pour avoir la raie nette !

*(la rainette)*

Une brune et une blonde marchent dans la rue. Tout à coup, la brune s'écrie :

– Regarde, un oiseau mort !

La blonde lève les yeux au ciel et dit :

– Où ça, où ça ?

2

MAI

Savez-vous pourquoi
les vaches ne parlent pas ?

3

MAI

Parce qu'au-dessus
de l'étable il y a écrit
« la ferme ».

Comment rendre fou un Belge ?

4

MAI

Il faut le mettre dans une pièce ronde et lui demander de trouver une frite dans un coin.

Deux enfants se posent des devinettes :

– Qu'est-ce qui a 4 pattes et 120 dents ?

– Un crocodile.

– Et qu'est-ce qui a 120 pattes et 4 dents ?

– Une réunion de sorcières !

5

MAI

Quel est le comble pour une chips ?

6

MAI

Ne pas avoir la frite.

Quels fruits portent des sous-vêtements ?

7

MAI

Les bananes à slips.

*(les banana splits)*

Que dit un rouleau de papier toilette déguisé en Dark Vador ?

8

MAI

– J'essuie ton père.

(Je suis ton père)

Le garagiste demande :
– Comment avez-vous crevé ce pneu ?
– Oh, bêtement, en roulant sur une bouteille d'alcool...
–Vous ne l'aviez pas vue ?
– Non, le piéton l'avait dans sa poche.

Deux fous discutent.
Le premier dit :
– Oh, UN mouche !
Le second le corrige :
– Non, c'est UNE mouche.
– Tu as de bons yeux, dis donc !

10
MAI

Une mère dit à son enfant :
–Va te laver les dents, elles sont sales.
– Mais je ne mange que des choses propres !

11
MAI

Pourquoi les hérissons traversent-ils les routes ?

12

MAI

Pour nous montrer ce qu'ils ont dans le ventre.

Un monsieur entre dans une épicerie :
– Je voudrais du papier toilette, s'il vous plaît.
– Quelle couleur ?
– Vous n'avez qu'à me donner du blanc, je mettrai la couleur moi-même.

13

MAI

Pourquoi les cannibales ne mangent jamais de clown ?

14

MAI

Parce qu'ils ont un drôle de goût.

Deux mouches sont posées
sur une grosse crotte de chien.
Soudain, l'une des deux pète :
– Tu es dégoûtante ! dit l'autre.
On est à table, tout de même !

15

MAI

Pourquoi y a-t-il plus d'éclipses en Afrique qu'en Europe ?

16

MAI

Parce que les éléphants n'arrêtent pas de se mettre devant le Soleil.

Comment dit-on « pipi » en suédois ?

17
MAI

Plok plok

– Ah, rien ne vaut un bon journal ! La télévision ne le remplacera jamais.
– Ah bon, pourquoi ?
– Tu as déjà essayé d'écraser un cafard avec une télé, toi ?

18

MAI

Quel est le comble de la gourmandise ?

19

MAI

Vomir en serrant les dents pour garder les plus gros morceaux.

Deux escargots vont à la plage et voient des limaces.
– Fuyons, c'est une plage de nudistes !

20

MAI

– La lumière est la chose la plus rapide au monde, explique la maîtresse à ses élèves.
– C'est faux, dit Max, c'est la diarrhée ! En allant aux toilettes, je n'ai pas eu le temps d'allumer la lumière que j'avais déjà fait dans ma culotte !

21

MAI

Deux singes ont ramassé des noix de coco mais, avant de les manger, ils les mettent devant leurs fesses. Sais-tu pourquoi ?

22

MAI

Pour vérifier qu'elles pourront ressortir.

Une maman allumette dit à ses enfants :
– Surtout, ne vous grattez pas la tête !

23

MAI

Qu'emporte un Belge quand il va au cinéma ?

24

MAI

Sa télécommande car, si le film ne lui plaît pas, il pourra toujours changer de chaîne !

– C'est incroyable, je viens de lire dans le journal que chaque fois que je respire, il y a cinq personnes qui meurent dans le monde !
– Je t'ai déjà dit de changer de dentifrice !

25

MAI

Quelle est la différence entre le jus d'orange et le pipi ?

26

MAI

Environ un quart d'heure.

À la cantine, un petit garçon hurle :
– Il y a une crotte sur mon gâteau !
Son copain le rassure :
– Ne t'inquiète pas, les mouches n'en feront qu'une bouchée.

27

MAI

Quelle est la chaîne de télévision que les chiens n'aiment pas ?

28

MAI

Canalpuce.

Un Belge gagne une tortue à la fête foraine. Une heure après, il revient jouer, et gagne cette fois une peluche.

– J'aurais préféré le même sandwich que tout à l'heure ! s'exclame-t-il.

29

MAI

Jojo a mal au cœur.
– Je crois que j'ai mangé trop de raisins, dit-il à sa mère.
– Où les as-tu trouvés ? lui demande-t-elle.
– Là, sur le papier tue-mouche !

30

MAI

Qu'est-ce qui sépare l'eau et l'air ?

31

MAI

Le papier toilette, car le PQ est entre le O et le R.

Quel est le comble du culot ?

1er

JUIN

Faire pipi par le trou de la serrure du voisin, puis sonner pour demander jusqu'où il a coulé.

Dans la rue, un homme interroge une vieille dame :

– Avez-vous vu un policier ?

– Non, monsieur.

– Donne-moi ton sac !

2

JUIN

Deux bonnes raisons de ne pas se mettre les doigts dans le nez en classe :

1. Ça agrandit les narines.
2. Il y aura à manger à la cantine !

3

JUIN

Quelle phrase obtient-on en additionnant 6 « mé » et 3 « pa » ?

4

JUIN

Mes mémés m'aimaient, mais pas papa. *(mé mémé mémé mé pa papa)*

Deux bûcherons belges discutent en coupant des arbres :

– Hier, je me suis coupé un doigt !

– Mince, c'est arrivé comment ?

– Je travaillais avec cette scie, comme ça, et... aaaaah, un deuxième !

5

JUIN

Pourquoi les chiens se lèchent-ils les fesses ?

6

JUIN

Parce qu'ils sont assez souples pour le faire.

Demande à ton meilleur copain ce qui est le pire pour lui : avoir la langue qui se couvre de poils quand il mange des bonbons en cachette, ou avoir les doigts qui sentent le camembert quand il se les met dans le nez ?

7

JUIN

Qu'est-ce qui est pire
que de trouver un demi-ver
dans une pomme ?

8
JUIN

Trouver un ver entier.

Il ne faut pas dire un « poulet » *(pou laid)* mais « qu'il est moche ce pou » !

9

JUIN

Devinez ce que mange un cannibale après s'être fait soigner une carie.

10

JUIN

Le dentiste.

Un hérisson voit un pneu crevé sur la route :

– Youpi, pour une fois, ce n'est pas quelqu'un de la famille !

11

JUIN

Qu'est-ce que les parents cannibales n'arrivent jamais à trouver ?

12

JUIN

Une nounou végétarienne.

Un enfant annonce, tout content, à sa maman :
– Bonne nouvelle, pépé est moins sourd qu'avant ! Quand j'ai pété, tout à l'heure, il a crié : « Entrez ! »

13
JUIN

Que faut-il faire pour qu'une blonde ait un torticolis ?

14

JUIN

Lui offrir un éventail.

La maman de Zoé demande à sa fille :

– Peux-tu m'aider à changer ton petit frère ?

– Pourquoi, il est déjà usé ?

15

JUIN

Il vaut mieux marcher dans mon premier du pied gauche.
Mon deuxième est après 1.
Mon troisième est la marque d'un stylo célèbre.
Mon tout se trouve souvent sous les chèvres. Qu'est-ce que c'est ?

16
JUIN

Crotte de bique.
*(crotte-deux-Bic)*

Une maman pou dit à sa fille :
– Qu'est-ce que tu es lente !

17

JUIN

Si le nord est devant toi, alors tu as le sudoku. *(sud au cul)*

18

JUIN

Sur le tournage de son premier film d'action, un jeune acteur s'exclame :
– Les cascades sont impressionnantes ! Mais comment les cascadeurs arrivent-ils à passer le mur de feu ?
– On ne sait pas, on en change à chaque fois !

19

JUIN

Quel est le comble
de la confiance en soi ?

20
JUIN

Péter quand on a la diarrhée.

– Dis, maman, est-ce que ma braguette est déboutonnée ?
– Non.
– Bon, c'est pas grave, je ferai pipi demain alors.

21

JUIN

Que disent deux mouches dans un pré lorsqu'elles voient brouter des vaches ?

– Tiens, le déjeuner ne va plus tarder !

22

JUIN

À l'épicerie, Jojo demande :
– Monsieur, vous auriez quelque chose de bon pour les cafards ?
– Une bombe anti-cafards.
– Oh ! là, là ! Non, ce n'est pas bon pour eux, ça risque de les tuer !

23

JUIN

Au restaurant :
– Garçon ! Une mouche grignote mon fromage !
– Oh, désolé, monsieur, j'espère qu'elle vous en a laissé.

24

JUIN

À quoi reconnaît-on un fou dans un parc ?

25

JUIN

Il arrive en aboyant et va toujours chercher la baballe !

Deux bonnes raisons de ne pas se percer les boutons d'acné :

1. Ils vont mettre plus de temps à partir.
2. Ça va salir le miroir de la salle de bains.

26

JUIN

Quel est le comble pour un chasseur amoureux ?

27

JUIN

Que sa fiancée lui pose un lapin.

Au dîner, le papa de Jojo le gronde :
– Jojo, tu manges comme un goret ! Sais-tu au moins ce que c'est qu'un goret ?
– Oui, papa ! C'est le fils d'un cochon...

28

JUIN

Que dit un camembert à bord du *Titanic* ?

29

JUIN

– Je coule !

Pourquoi les Belges ne chassent plus les canards ?

30
JUIN

Parce qu'ils n'arrivent pas à lancer leurs chiens suffisamment haut !

Un fantôme et un vampire attendent au bord d'une route déserte. Le fantôme dit :

– J'attends le vaisseau fantôme, et vous ?

– Moi ? J'attends le vaisseau sanguin...

1er

JUILLET

– Dis, mamie, tu as quel âge ?
– Ouh, j'ai oublié…
– Tu n'as qu'à regarder dans ta culotte ; moi, c'est écrit 4 ans.

2

JUILLET

Que fait un rat pour se déguiser ?

3

JUILLET

Il met du mascara.
(masque à rat)

– Regarde comme c'est beau, la nature ! dit un grand-père à son petit-fils.
Une crotte de pigeon lui tombe alors sur la tête.
– Heureusement que la nature n'a pas donné des ailes aux vaches ! remarque le petit garçon.

4

JUILLET

Demande à un copain ce qui est le pire pour lui : avoir une tête en savon quand il pleut, ou avoir des pieds en fromage quand il fait très chaud ?

5

JUILLET

Monsieur et madame Kabiné ont un fils. Comment s'appelle-t-il ?

**6**
JUILLET

Léo. (Il est aux cabinets)

Deux enfants vont pour la première fois au bord de la mer. À marée haute, ils remplissent une bouteille d'eau comme souvenir. Quand ils reviennent dans l'après-midi, la mer est à marée basse :

– Dis donc, on n'est pas les seuls à avoir pris de l'eau !

7

JUILLET

Quel est le comble pour une pieuvre ?

8

JUILLET

Se faire un sang d'encre.

Un fou n'arrête pas de glisser des pièces dans un distributeur de boissons alors qu'il a déjà dix bouteilles à ses pieds.

– Vous en avez encore pour longtemps ? s'impatiente une dame derrière lui.

– Pour une fois que je gagne, je n'ai pas l'intention de lâcher la main !

9

JUILLET

Quelles sont les initiales de Grand-Père qui Tousse ?

10

JUILLET

GPT.

Pète et Répète sont dans un bateau. Pète tombe à l'eau, qui reste-t-il ?

– Répète !

– Pète et Répète sont dans un bateau. Pète tombe à l'eau, qui reste-t-il ?

– ...

11

JUILLET

Qu’est-ce qu’un garçon qui fait « te-prou te-prou » ?

12

JUILLET

Un garçon qui pète
en verlan !

Un cannibale prend l'avion pour la première fois. Quand l'hôtesse de l'air lui tend le menu du déjeuner, il demande :
–Vous n'auriez pas la liste des passagers, plutôt ?

13
JUILLET

Qu'est-ce qui est poilu et jaune ?

14

JUILLET

Une tartine de beurre tombée sur la moquette.

Une blonde et une brune sont en voiture. Alors qu'un pigeon crotte sur la voiture, la brune dit :

– Il faudrait peut-être l'essuyer ?

La blonde répond :

– Non, il est déjà trop loin.

15

JUILLET

Qu'est-ce qui est vert et qui est accroché aux arbres dans la savane ?

16

JUILLET

De la morve de girafe.

Au dîner :

– Papa, tu as…

– Chut, je t'ai déjà dit qu'on ne parlait pas à table.

– Alors, je ne pourrai pas te dire que tu as un asticot dans ta salade !

17

JUILLET

Un automobiliste en vacances en Belgique écrase un poulet. Il le rapporte à la ferme du coin.

– Merci de le rapporter, monsieur, lui répond le fermier belge, mais ce n'est pas un des nôtres. Chez nous, les poulets ne sont pas aussi plats !

En quoi se transforment deux mille-pattes quand ils se font un câlin ?

19

JUILLET

En fermeture Éclair.

Un crabe demande à une petite crevette en larmes ce qui ne va pas.
– Maman était invitée à un cocktail hier, et elle n'est toujours pas revenue !

20

JUILLET

– Garçon, il y a des moucherons sur mon steak !
– Ne vous inquiétez pas, l'araignée dans la salade va s'en charger.

21

JUILLET

Maman est en colère quand mon petit frère fait pipi dans mon premier, mais elle est très contente quand il fait pipi dans mon second. Mon tout porte les couleurs d'un pays. Qu'est-ce que c'est ?

22

JUILLET

Drapeau. (*drap-pot*)

Au dîner, dans une famille de cannibales :
– Maman, maman, je déteste grand-père !
– C'est pas grave, pousse-le sur le bord de ton assiette et mange tes petits pois.

23

JUILLET

Que sentent les pets de clown ?

24

JUILLET

Ils sentent drôle.

Pourquoi les Belges nagent-ils toujours au fond de la piscine ?

25

JUILLET

Parce qu'au fond ils ne sont pas si bêtes.

Jojo rentre tard et se fait gronder par sa maman.
– C'est pas moi, c'est mon copain.
– Et le Coca sur ton tee-shirt ?
– C'est pas moi, c'est mon copain.
– Eh bien, ton copain est vraiment méchant, il a même fait caca dans ta culotte !

26

JUILLET

Deux fous discutent :
– Comment fais-tu pour savoir si tu t'es bien essuyé les fesses quand l'ampoule des toilettes est cassée ?
– Je ne sais pas, je ne m'essuie jamais les fesses !

27

JUILLET

– Si, dans dix forêts de dix arbres,
il y a, perché sur chacun des arbres,
un Moilépié, combien cela fait-il
de Moilépié ?
– Cent Moilépié. *(sens-moi les pieds)*
– T'es un gros dégoûtant !

28

JUILLET

Il ne faut pas dire un « lave-vaisselle » *(lave-aisselles)* mais un « déodorant pour les dessous de bras ».

29

JUILLET

Quel est le comble pour un informaticien ?

30

JUILLET

Avoir peur des souris.

Alors qu'elle est renvoyée par sa patronne, une domestique donne 5 euros à son caniche en partant.

– Mais vous êtes folle ! dit la patronne.

– Non, c'est lui qui a toujours fait la vaisselle !

31

JUILLET

Qu'est-ce qu'un sous-marin pour une baleine ?

1er

AOÛT

Un gros suppositoire.

Une vache trouve un gant dans un pré :
– Tiens, un soutien-gorge !

2

AOÛT

Demande à ta meilleure copine ce qui est le pire pour elle : changer de culotte, ou garder la même pour toute la vie ?

3

AOÛT

Il ne faut pas dire « dame pipi »
mais « chef de cabinets ».

4

AOÛT

Je fais cuire un steak dans
mon premier.
Je bois beaucoup mon deuxième.
Je m'assieds sur mon troisième.
Mon tout est rigolo et un peu crado.
Qu'est-ce que c'est ?

5
AOÛT

Poil aux fesses.
(poêle-eau-fesses)

Quel est l'insecte
le plus rapide ?

6
AOÛT

Le pou, car il est toujours
en tête.

– Connais-tu la blague de l'avion ?
– Non.
– Moi non plus : il est passé trop vite !

7
AOÛT

Deux Belges font un safari en Afrique. Soudain, un lion se jette sur l'un des deux, qui parvient à s'échapper et dit à l'autre :

– Idiot ! Pourquoi tu n'as pas tiré ?

– Tu m'avais dit que c'était un fusil pour les éléphants...

8

AOÛT

Une maman vampire dit
à son bébé :
– Arrête de sucer ton pouce,
tu pourrais te blesser !

9

AOÛT

Un ours et un lapin font caca dans la forêt. L'ours demande au lapin :
– Ça te dérange d'avoir du caca dans les poils ?
Le lapin répond :
– Non, pourquoi ?
Alors l'ours prend le lapin et s'essuie les fesses avec.

10

AOÛT

C'est un pingouin qui respire par les fesses. Un jour, il s'assoit et il meurt.

11

AOÛT

Pourquoi les girafes ont-elles un long cou ?

12

AOÛT

Pour ne pas sentir l'odeur
de leurs pieds.

Demande à ta grande sœur ce qui est le pire pour elle : se gratter les fesses avec son pied droit, ou se masser le cou avec son pied gauche ?

13

AOÛT

Deux tomates veulent traverser la rue. La première y va, mais se fait écraser. L'autre lui dit :

– Allez, relève-toi, Juju !

14

AOÛT

Une blonde voit une fourmi en larmes sur sa main :

– Pourquoi pleures-tu ?

– Personne ne m'a fêté mon anniversaire aujourd'hui !

– Joyeux anniversaire, petite fourmi... commence alors à chanter la blonde en tapant des mains... et en oubliant la fourmi !

15

AOÛT

Qu'est-ce qui est vert et qui se balance de liane en liane ?

16

AOÛT

Une crotte de nez de Tarzan.

Jojo dit à sa mère :
– Maman, j'ai mal aux yeux, il faut que j'aille voir un zyeutiste.
– C'est un oculiste qu'il faut aller voir !
– Mais non, ce n'est pas là que j'ai mal !

17

AOÛT

Vrai ou faux ?
Les méduses sont composées à 98 % de bave.

18

AOÛT

Faux, à 98 % d'eau.

Sais-tu pourquoi les chiens se lèchent les fesses ?

19

AOÛT

Parce qu'après ils viennent te lécher la figure !

Sur les conseils d'un ami, un fou offre une pelle et une balayette à sa femme pour son anniversaire. Peu après, son ami lui demande si le cadeau lui a plu.

– Oh, elle s'en est servie trois jours, mais elle trouve que le papier toilette est plus pratique.

20

AOÛT

De quoi a besoin un éléphant qui a la diarrhée ?

21

AOÛT

De beaucoup d'espace !

Un chiot demande
à son père :
– Dis, papa, mon vrai nom,
c'est Assis ou Couché ?

22
AOÛT

Dans des toilettes publiques, côte-à-côte deux personnes constipées poussent en vain. Tout à coup, on entend un « floc » .

– Veinard ! dit le premier au second.

– Tu parles ! C'est ma montre...

23

AOÛT

À dîner chez des amis, un garçon très timide va aux toilettes puis revient à table, l'air un peu ennuyé.

– Ça ne va pas ?

– Euh... il n'y a plus de papier.

– Mais demande, tu as une langue.

– Oui, mais je ne suis pas assez souple !

24

AOÛT

Un magicien a des pouvoirs si exceptionnels qu'il peut hypnotiser instantanément toute une salle. S'il dit : « Riez ! », tout le public rigole. S'il dit : « Pleurez ! », tout le monde pleure. Un jour, il trébuche sur son micro et dit : « Crotte ! »
Il a fallu une semaine entière pour nettoyer la salle !

25

AOÛT

Un policier arrête un fou qui a trop bu. Le fou retire ses lunettes : pourquoi ?

26

AOÛT

Parce que ça fait toujours deux verres en moins.

Dans une boulangerie à la campagne, un client demande la tarte aux myrtilles qui est en vitrine :

– Ce n'est pas une tarte aux myrtilles mais une tarte aux pommes, lui répond la boulangère. Allez zou, les mouches, du balai !

27

AOÛT

Quel est le comble pour un glaçon ?

28

AOÛT

Fondre en larmes.

À la campagne en France, un petit garçon belge interroge un agriculteur en plein travail.

– Que faites-vous ?

– Je mets du fumier sur les fraises pour qu'elles soient meilleures.

– Ah, bon ? Chez moi, on met du sucre !

Comment savoir si une fille porte un collant ?

30

AOÛT

Quand elle pète, ses chevilles gonflent.

Afin de fêter son départ à la retraite, un pilote d'avion décide de faire une série de loopings. Au bout du troisième, une voix s'élève des toilettes :

– Un passager aimerait faire caca tranquillement !

31

AOÛT

Peut-on se baigner si on a la diarrhée ?

1er

SEPTEMBRE

Ça dépend s'il y en a beaucoup.

Un éléphant veut faire le tour du monde en barque. Le premier jour de voyage, la barque n'avance pas car l'éléphant est trop lourd. Le second jour, la barque flotte et avance vite : pourquoi ?

2
SEPTEMBRE

Parce que l'éléphant a décidé de faire le tour du monde à pied.

Comment fait un postier belge pour envoyer un courrier électronique ?

3

SEPTEMBRE

Il colle un timbre sur l'écran de l'ordinateur.

Deux fantômes marchent l'un derrière l'autre.

– Eh, tu as laissé tomber ton mouchoir, dit le fantôme qui est derrière.

– Merci, mais ce n'est pas mon mouchoir, c'est mon fils !

4

SEPTEMBRE

Une petite fille revient paniquée de l'école :

– Vite, maman, il faut aller chez le médecin. Le maître m'a demandé de soigner mon écriture.

5

SEPTEMBRE

Un garçon est dans la rue
avec son père :

– Papa, tu as vu la belle voiture ?

– Oui, je l'ai vue.

– Papa, tu as vu le policier ?

– Oui, je l'ai vu.

– Papa, tu as vu...

– OUI, JE L'AI VU !!!!!!

– Bah alors, pourquoi tu as marché dedans ?

6

SEPTEMBRE

Quelle est la différence entre Superman et un homme ordinaire ?

7

SEPTEMBRE

Le slip de Superman est par-dessus son pantalon.

Comment reconnaît-on un Belge dans un sous-marin ?

8

SEPTEMBRE

C'est le seul qui emporte son parachute.

Il ne faut pas dire
« il fait des courbettes »
*(il fait des cours bêtes)*
mais « ce prof est nul ».

9

SEPTEMBRE

Quel est le comble pour une souris ?

10

SEPTEMBRE

Avoir un chat dans la gorge.

Demande à un copain ce qui est le pire pour lui : se retrouver au milieu de chiens affamés avec un collier de saucisses autour du cou, ou se faire lécher le corps par cent chats après un bain de lait ?

11

SEPTEMBRE

Comment fait-on entrer quatre éléphants dans une toute petite voiture ?

12

SEPTEMBRE

On en met deux à l'avant et deux à l'arrière.

Juju rentre chez elle et annonce, toute contente, à sa mère :

– Tu sais quoi ? Je suis meilleure que la maîtresse.

– Ah oui, pourquoi ?

– La maîtresse reste dans la même classe et moi, je monte dans la suivante !

13

SEPTEMBRE

Pourquoi y a-t-il des Belges qui courent avec un seau d'eau autour de leur maison ?

14

SEPTEMBRE

Pour avoir de l'eau courante.

Comment fait une éléphante pour se mettre du vernis sur les ongles ?

15

SEPTEMBRE

Elle demande à un peintre en bâtiment.

Deux vaches blanches sur des skis dévalent une piste. Que crient les autres skieurs ?

16

SEPTEMBRE

– Attention, une avalanche !

Combien faut-il de Belges pour faire un gâteau au chocolat ?

17

SEPTEMBRE

Seize ! Un pour faire la pâte et quinze pour éplucher les Smarties.

La maîtresse demande à un élève :

– Peux-tu me citer un mammifère qui n'a pas de dents ?

– Euh... ma grand-mère ?

18

SEPTEMBRE

Un fou va acheter du produit contre les araignées. Le vendeur lui fait plusieurs propositions.
– Quel est le meilleur contre l'araignée au plafond ? demande le fou.

19

SEPTEMBRE

Après avoir fait une leçon sur les animaux, la maîtresse interroge les élèves :

– À quoi sert la poule ?

– À nous donner des œufs.

– À quoi sert la vache ?

– À nous donner des devoirs.

20

SEPTEMBRE

Un bon génie apparaît à une petite fille au bord d'une piscine :

– Cette piscine est magique. Elle peut se remplir de tout ce que tu désires, il suffit de le demander.

Alors que la petite fille s'apprête à faire son souhait, elle glisse sur le rebord en disant :

– Crotte !

21

SEPTEMBRE

Juju a eu 20/20 en rédaction.
Sa maîtresse lui dit :

– Tu peux me l'avouer, ta maman t'a aidée à faire ce devoir ?

– Non, je vous assure, elle ne m'a pas aidée, elle l'a fait toute seule !

22

SEPTEMBRE

Quel est le comble pour un facteur ?

23

SEPTEMBRE

Être complètement timbré.

Sur la route, un pigeon percute un motard. Ce dernier soigne l'oiseau et l'installe dans une cage. À son réveil, le pigeon s'exclame :

– Zut ! J'ai tué le motard et je suis derrière les barreaux !

24

SEPTEMBRE

Pourquoi les blondes ont-elles le front large ?

25

SEPTEMBRE

Parce qu'elles se tapent toujours le front en disant :
– Mais qu'est-ce que je suis bête !

Tu connais l'histoire de l'hélicoptère et de la girafe ? Une girafe se promène dans la savane, un hélicoptère arrive, et flip flap, la girafe !

26

SEPTEMBRE

Il ne faut pas dire
« il est trop poli »
*(il est trop au lit)*
mais « il dort beaucoup ».

27
SEPTEMBRE

Deux chevaux partent en Afrique pour les vacances et aperçoivent un zèbre. Le premier cheval dit à l'autre :

– Tu as vu ? Un prisonnier évadé !

28

SEPTEMBRE

Dans le train, Juju mâche énergiquement un chewing-gum. Une vieille dame la regarde et lui dit :

– Cela ne sert à rien d'articuler : je suis complètement sourde !

29

SEPTEMBRE

Pourquoi n'y a-t-il plus de sous-marin dans la marine belge ?

30

SEPTEMBRE

Parce qu'ils ont organisé une journée portes ouvertes.

Quelle est la différence entre un voisin grognon et un gorille ?

1er

OCTOBRE

Cinquante kilos.

Clara et sa petite sœur visitent un musée en Égypte. Elles s'arrêtent devant une momie.

– Ça veut dire quoi 3164 AV JC ? demande la petite sœur.

– Sans doute le numéro d'immatriculation de la voiture qui l'a renversée !

2

OCTOBRE

Deux copains discutent en feuilletant le journal.

– Tu es au courant ? Un fou est mort en buvant du lait.

– Ah bon, le lait était empoisonné ?

– Non, la vache s'est assise !

3

OCTOBRE

Un médecin annonce à son patient qu'il va devoir lui couper les deux jambes.
Le patient lui répond :
– Si c'est comme ça,
je ne mettrai plus un pied chez vous !

4

OCTOBRE

Il ne faut pas dire un « chalet » *(chat laid)* mais « ce chat n'est pas joli ».

5

OCTOBRE

Pourquoi les myopes pleurent-ils quand ils épluchent des oignons ?

6

OCTOBRE

Parce qu'ils se coupent les doigts !

Qu'est-ce qu'un Belge
avec une arme dans un champ
de blé ?

7

OCTOBRE

Un céréale killer !

Pourquoi les sorcières volent-elles sur un balai ?

8

OCTOBRE

Parce qu'elles n'ont pas les moyens d'acheter un aspirateur.

Deux enfants mettent des briques dans des bocaux en verre. Sais-tu pourquoi ?

9

OCTOBRE

Ils font de la confiture de mûres ! *(de mur)*

Deux enfants en train de verser de l'eau sur l'ordinateur sont surpris par leur mère :
– Mais que faites-vous ? leur demande-t-elle.
– Enfin, maman, c'est pour pouvoir surfer sur le Web !

10

OCTOBRE

Quel est le comble pour une taupe ?

11

OCTOBRE

Se creuser la tête.

Comment dit-on « slip » en japonais ?

12

OCTOBRE

Sakakiki.

Un gladiateur belge a été jeté aux lions. Le gladiateur fait un premier tour de l'arène en courant, puis un lion se met à le poursuivre.

– Attention ! crient les spectateurs.

– Ne vous en faites pas,
j'ai un tour d'avance ! leur hurle le gladiateur belge.

13

OCTOBRE

Quel est le point commun entre une école et des toilettes ?

14

OCTOBRE

Quand on en sort,
on est soulagé !

Un fou pose ses crottes de nez partout sur la table.

– Pourquoi fais-tu cela ? lui demande un autre fou.

– C'est contre les araignées.

– Je n'en vois pas...

– C'est parce que c'est efficace !

15

OCTOBRE

Jojo raconte à un copain :
– Dans l'avion, cet été, l'hôtesse a proposé à ma voisine de changer son bébé. Quand elle l'a ramené, je n'ai rien dit mais j'ai bien vu que c'était le même !

16

OCTOBRE

Il ne faut pas dire
« n'importe quoi »
*(nain porte quoi ?)*
mais « que porte le nain ? ».

17

OCTOBRE

Comment fait un éléphant pour grimper dans un arbre ?

18

OCTOBRE

Il s'assoit sur un buisson
et il attend qu'il pousse.

Un vendeur présente un perroquet savant :

– Si on tire sur sa patte gauche, il parle français, et si on tire sur sa patte droite, il parle anglais.

– Et si on tire sur ses deux pattes en même temps ? demande un monsieur.

Le perroquet hurle :

– Je tombe, imbécile !

19

OCTOBRE

Une araignée dit à une mouche :
– Venez chez moi, je vous apprendrai à tisser !
– Non merci, répond la mouche, je préfère filer.

20

OCTOBRE

Monsieur et madame Toualètedepuilontan ont un fils. Comment s'appelle-t-il ?

**21**
OCTOBRE

Théo. (t'es aux toilettes depuis longtemps)

Pourquoi les blondes ne mangent-elles pas de bananes ?

22

OCTOBRE

Parce qu'elles ne trouvent pas la fermeture Éclair.

Au restaurant, une petite fille a très envie de faire pipi.
– Où sont les toilettes ? demande-t-elle timidement au serveur.
– De l'autre côté.
La fillette lui chuchote donc dans l'autre oreille :
– Alors, où sont vos toilettes ?

23
OCTOBRE

Un fou dit à son docteur :
– Dieu m'envoie des signes. La lumière des toilettes s'allume toute seule.
– Non, vous avez dû encore faire pipi dans le réfrigérateur.

24
OCTOBRE

Un canard dit à un autre canard :

– Coin, coin !

– Tu me retires les mots de la bouche, lui répond le premier canard.

25

OCTOBRE

Comment reconnaît-on un crayon belge ?

26

OCTOBRE

Il a une gomme de chaque côté.

Lili dit à sa copine Juju :
– Si tu me dis combien j'ai de bonbons dans la main, je te les donne tous les deux !
– Deux bonbons ?
– Comment tu as deviné ?

27

OCTOBRE

Jojo rentre de l'école tout content.
– Maman, je suis le seul à ne pas avoir eu zéro à la dictée ! Le maître a dit : « Lili zéro, Jules zéro, Zoé zéro et Jojo idem ! » Tu peux être fière de moi !

28

OCTOBRE

Il ne faut pas dire un « chapitre » *(chat pitre)* mais un « matou rigolo ».

29
OCTOBRE

Comment fait une crêpe pour rentrer chez elle si elle a oublié ses clés ?

30

OCTOBRE

Elle se glisse sous la porte.

Le soir d'Halloween, un petit garçon déguisé en vampire frappe à une porte.

– Tu veux des bonbons ? demande la dame qui lui ouvre.

– Non, je n'aime pas ça ! Vous n'auriez pas plutôt un verre de sang frais ?

31

OCTOBRE

Une girafe et une souris veulent traverser une rivière. La girafe propose :

– Je vais aller voir si on a pied...

1er

NOVEMBRE

Un professeur s'adresse à l'un de ses élèves :

– Martin, connais-tu la différence entre le Soleil et ton devoir de maths ?

– Non, monsieur.

– Le Soleil est un astre, et ton devoir est un désastre !

2

NOVEMBRE

Quel est le comble pour un jardinier ?

3

NOVEMBRE

Raconter des salades.

Un perroquet est réputé muet. Chaque jour, Zoé lui dit bonjour et l'oiseau ne répond pas. Un jour, elle ne le salue pas. Le perroquet lui lance :

– Alors, on ne dit plus bonjour, maintenant ?!

4

NOVEMBRE

Un citron et une vache font un hold-up. Le citron crie :

– Pas un zeste, je suis pressé !

La vache ajoute :

– Que personne ne bouse !

5

NOVEMBRE

Pourquoi les éléphants sont-ils gris ?

6

NOVEMBRE

Pour qu'on ne les confonde pas avec des fraises des bois !

# À quoi reconnaît-on un fou sur les berges de la Seine ?

7

NOVEMBRE

C'est le seul qui vaporise
de l'insecticide sur
les Bateaux-Mouches.

En route pour aller chez sa grand-mère, le Petit Chaperon rouge aperçoit le Grand Méchant Loup derrière un arbre.

– Que vous avez de grands yeux ! lui dit-elle.

Le loup s'enfuit. Un peu plus loin, le Petit Chaperon rouge revoit le loup derrière un buisson :

– Que vous avez de grandes dents !

– Mais tu vas me laisser faire caca tranquille, oui !!!

8

NOVEMBRE

Quel est l’animal qui ne voit rien ?

9

NOVEMBRE

L’éléphant, car il est né avec deux yeux et des défenses d’ivoire. *(défense d’y voir)*

Comment reconnaît-on un Belge dans un groupe de charmeurs de serpents ?

10

NOVEMBRE

C'est le seul qui essaie de souffler dans le serpent.

Quel est l'animal le plus malheureux ?

11

NOVEMBRE

Le taureau, parce que sa femme est vache.

Un écureuil se gare devant un panneau de stationnement interdit. Un policier arrive et lui demande :

– Vous voulez une amende ?

L'écureuil répond :

– Non, je préfère plutôt une noisette !

12

NOVEMBRE

Quel est le comble pour un coq ?

13

NOVEMBRE

Avoir la chair de poule.

Une grand-mère dit à sa petite-fille :
– Il faut toujours mettre sa main devant la bouche quand on tousse.
– Pour toi, je comprends ! Mais moi, je n'ai pas de dentier qui pourrait tomber !

14

NOVEMBRE

Vrai ou faux ? Les pélicans n'ont jamais le nez qui coule.

15

NOVEMBRE

Vrai, car ils n'ont pas de narines.

Demande à ton frère ce qui est le pire pour lui : avoir du chewing-gum entre les doigts de pied, ou avoir de la mayonnaise entre les fesses ?

16

NOVEMBRE

Qu'est-ce qu'une blonde intelligente ?

17

NOVEMBRE

Une espèce en voie
de disparition !

Un petit pain au chocolat
se moque d'un croissant :
– Hi, hi ! Tu es tout tordu !
– Et toi, tu t'es vu avec ton
caca collé aux fesses !

18

NOVEMBRE

Deux bonnes raisons de se couper les ongles des pieds :
1. C'est plus rapide que de recoudre des chaussettes trouées.
2. C'est plus pratique que de se les ronger.

19

NOVEMBRE

Deux cactus discutent.
– Est-ce que tu connais le langage des hommes ? demande le premier.
L'autre répond :
– Facile, ils ne disent qu'un seul mot : aïe !

20

NOVEMBRE

Il ne faut pas dire
« Escalator »
*(est-ce qu'elle a tort ?)*
mais « se trompe-t-elle ? ».

21

NOVEMBRE

Connais-tu la différence entre un saladier et une brosse pour nettoyer les toilettes ? Si non, je ne viendrai pas manger chez toi !

22

NOVEMBRE

Pourquoi les zèbres n'aiment pas les supermarchés ?

23

NOVEMBRE

Ils ont peur qu'on les prenne pour des codes-barres.

Un petit cannibale ramène un camarade de classe chez lui.

– C'est ton nouvel ami ?
lui demande sa maman.

– Non, c'est mon goûter !

24

NOVEMBRE

Des crayons de couleur
croisent un crayon à papier.
Ils s’exclament en chœur :
– Oh, il a mauvaise mine !

25

NOVEMBRE

La fesse droite dit à la fesse gauche :
– Ça pue dans le couloir !

26

NOVEMBRE

Un fou ouvre la porte de l'avion. Il s'apprête à sauter dans le vide mais soudain, il rentre et appelle l'hôtesse :

– Zut, il pleut ! Donnez-moi un parachute.

27

NOVEMBRE

Un fermier emmène sa poule chez le vétérinaire.
– Elle est constipée, explique-t-il.
– D'accord, mais est-ce qu'elle arrive quand même à pondre ?
– Oui, mais uniquement des œufs durs !

28
NOVEMBRE

À l'hôtel, un Belge et un Français sont obligés de partager un lit. Le Français éternue très fort.
– Ce n'est pas poli de ne pas prévenir, lui explique le Belge.
Peu après, le Belge annonce au Français :
– Attention, je pète !

29
NOVEMBRE

Quel est le comble pour un vétérinaire ?

30

NOVEMBRE

Être malade comme un chien.

Qu’est-ce qui est rouge et qui passe à travers les murs ?

1er

DÉCEMBRE

Une tomate magique !

Deux vaches discutent dans un pré :

– Cela ne t'inquiète pas, toi, cette histoire de vache folle ?

– Oh, moi, je m'en fiche. Je suis un lapin !

2

DÉCEMBRE

– Maman, tu peux me laver le visage ?
– Enfin, Juju, tu peux le faire toute seule !
– Oui, mais cela me mouillerait les mains, et elles n'ont pas besoin d'être lavées, elles !

3
DÉCEMBRE

Quel est le comble pour un marin ?

4

DÉCEMBRE

Avoir le nez qui coule.

– Jojo, pourquoi tu laisses la porte ouverte quand tu vas aux toilettes ? lui demande sa grande sœur.
– Ben, pour qu'on ne me regarde pas par le trou de la serrure !

5

DÉCEMBRE

6

DÉCEMBRE

Comment met-on un éléphant dans un frigo en trois étapes ?

1. On ouvre le frigo.
2. On met l'éléphant dans le frigo. 3. On referme la porte du frigo.

Une jeune fille cannibale parle de son nouveau fiancé à ses parents :

– Il est très gentil, dit-elle.

Son père lui répond :

– Oui, mais le plus important, c'est qu'il soit tendre.

7

DÉCEMBRE

Que dit une sorcière à son mari quand il rate un plat en cuisine ?

8

DÉCEMBRE

– Ce n'est pourtant pas sorcier !

Un fou va au cinéma :
– Bonjour, un billet, s'il vous plaît.
– Enfin monsieur, c'est le 50e !
– Mais le type à l'entrée n'arrête pas de me les déchirer !

9

DÉCEMBRE

– Maman, est-ce qu'un citron a des pattes ?
– Mais non, mon chéri !
– Alors, c'est un poussin que je viens de presser !

10
DÉCEMBRE

Quelle est l'expression préférée d'un vampire ?

11

DÉCEMBRE

Bon sang !

Un Belge et un Américain comparent les records d'apnée.

– Notre plongeur a tenu 15 minutes, dit l'Américain.

– Nous, dit le Belge, on ne sait pas encore. Notre plongeur est descendu l'année dernière, et il n'est toujours pas remonté.

12

DÉCEMBRE

Tu connais l'histoire de Paf le chien ? Un chien traverse la rue, une voiture arrive, et paf, le chien !

13

DÉCEMBRE

Vrai ou faux ? Si on met bout à bout les feuilles de papier toilette utilisées par les Français pendant un an, on peut faire 1 650 fois le tour de la Terre.

14
DÉCEMBRE

Vrai, mais il faut avoir beaucoup de temps disponible...

Quel est le comble pour un boxeur ?

15

DÉCEMBRE

Éplucher des petits pois avec ses gants.

Savez-vous pourquoi les gorilles ont de grosses narines ?

16

DÉCEMBRE

Parce qu'ils ont de gros doigts.

Pourquoi le Père Noël porte-t-il des bretelles noires ?

17

DÉCEMBRE

Pour ne pas distribuer les cadeaux en slip !

Comment dit-on « culotte » en japonais ?

18

DÉCEMBRE

Sakakaka.

Pourquoi les Belges ne mangent-ils pas de cornichons ?

19

DÉCEMBRE

Parce qu'ils n'arrivent pas à rentrer la tête dans le bocal.

Monsieur et madame Héplinléfèsse ont un fils. Comment s'appelle-t-il ?

20

DÉCEMBRE

Jean. *(J'en ai plein les fesses)*

Les chiens font mon premier
sur les trottoirs.
Mon deuxième est le
deuxième chiffre.
Mon troisième est au milieu
de la figure.
J'enlève mon tout discrètement
en classe. Qu'est-ce que c'est ?

**21**
DÉCEMBRE

Crotte de nez.
(crotte-deux-nez)

Une petite araignée demande à son père :

– Papa, c'est quoi le dessert ce soir ?

– Une mouche au chocolat.

22

DÉCEMBRE

Un policier et des blondes sont dans un Jacuzzi. Quel plat sont-ils en train de préparer ?

23

DÉCEMBRE

Une soupe poulet-nouilles.

Jojo est aux WC, que fait-il ?

24

DÉCEMBRE

On ne peut pas savoir,
il a fermé la porte à clé !

Savez-vous comment faire entrer deux Pères Noël dans un frigo ?

25

DÉCEMBRE

C'est impossible, il n'y a qu'un seul Père Noël sur Terre !

Un fou va chez le médecin car il a mal au ventre.

– J'ai mangé des huîtres hier.

– Quand vous les avez ouvertes, vous n'avez pas senti de mauvaise odeur ?

– Quoi, il fallait les ouvrir ?

26

DÉCEMBRE

Quel fruit obtient-on en étirant la queue d'une vache ?

27

DÉCEMBRE

Un meuh long. (melon)

Deux patates veulent traverser la rue. La première commence, mais une voiture lui roule dessus. L'autre dit :

– Oh, purée !

28

DÉCEMBRE

Devine comment font les nains de Blanche-Neige pour s'essuyer les fesses après avoir fait caca ?

29

DÉCEMBRE

Ils courent dans l'herbe.

Deux putois se promènent dans la forêt quand, au bout d'un moment, le premier dit à l'autre :

– Je n'osais pas te le dire mais tu pues, toi !

30

DÉCEMBRE

Je suis vert et je pousse sur la planète Mars. Qui suis-je ?

31

DÉCEMBRE

Un Martien en train de faire caca.

# Mes blagues crados

# Mes blagues crados

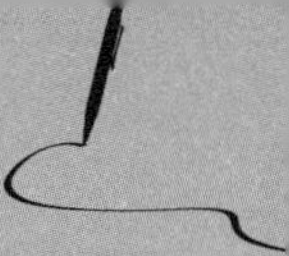

# Mes blagues crados

# Mes blagues crados

# Mes blagues crados

# Mes blagues crados

**Nous tenons à remercier pour leur contribution à cet ouvrage :**

Maud Boulin, Jean-Louis Broust, Gaétan Burrus, Bruno Démelin, Marie-Sophie Ferquel, Elisabeth Gildé, Armelle Goraguer, Laure Maj, Karine Marigliano, Cyril Martinez, Élodie Merveillard, Anaïs Roué, Catherine Schram, Marjorie Seger, Nathalie Tran, Karine Van Wormhoudt, Marie-France Wolfsperger, Morgane Wszelaki et Quat'Coul'.

Crédit photographique :
Couverture © Albert Ziganshin / Fotolia



Éditions Play Bac
14 bis, rue des Minimes - 75003 Paris
www.playbac.fr

ISBN : 9-782809-651553
Dépôt légal : septembre 2014
Imprimé en Chine

Donnez votre avis sur ce calendrier sur
**http://enquetes.playbac.fr**
en entrant le code 651553.
Vous pourrez vous inscrire
sur la plateforme Play Bac et gagner
de nombreux livres et jeux de notre catalogue.

## Retrouvez dans la même collection

# Et aussi

PUB
365
PUBS CULTES EN QUIZ

365
BLAGUES CRADOS

365 JOURS
POUR AVOIR LE SMILE

365
MOTS D'AMOUR

365
BLAGUES DE BOULOT

365 LOIS
TOTALEMENT DÉBILES

365
JOURS D'HUMOUR

365
MESSAGES DE PAIX

365
BLAGUES DE TOTO

365
BLAGUES POLITIQUES
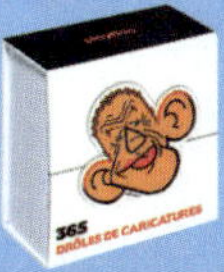
365
DRÔLES DE CARICATURES